Profundo en ti

Joel De Alba Márquez

NOTAS DE AUTOR

Tomar pedazos de papel, ir entrelazando historias, dejar la niñez, convertirme en adulto, darle madurez a mis textos. Darme cuenta de mis temores, encantarme y desencantarme. Decir te amo pueden ser las palabras más simples, pero a la vez darme de topes.

Escribir lo que no estaba sintiendo. Hacer textos con carencias. Inmadurez, resentimiento, abandonar lo que tanto amaba que era escribir, romper hojas y volver a iniciar. Una lucha interna, que me mando a la lona. El tener ganas de no volver a expresar mis sentimientos.

Reprimirme, llorar, estrés, soledad. Relaciones sin rumbo, noches de pasión intensas, pero huecas. Ansiedad, vuelcos en la cama, cansado de ilusiones, depresión.

Años de terapia, ansiolíticos, antidepresivos, como dijera Joaquín Sabina "…tiene pastillas para no soñar". La traición de los falsos amigos, el amor que tardó en llegar.

Y cómo quería yo, que el amor tocará mi puerta, si mi peor enemigo fui yo, quien no se amaba fui yo, quien se moría de soledad a falta del amor propio era yo.

Una de esas noches, meditando en mi alcoba, orando, pude tener confianza y fe en mí, empecé a hacer garabatos, les di voz, en grabaciones. Se vive un periodo complicado para la humanidad, en confinamiento, me di cuenta que yo podía estar en paz. Me perdone y pude luchar contra mi peor enemigo, y crear "Profundo en ti".

AGRADECIMIENTOS

A mi madre, por apoyarme en cada proyecto literario.

A mi padrino Juan Ramón y sus buenos consejos.

A aquellas personas que han estado en mi vida y me han conducido a no claudicar en mis sueños, a mi padre en el cielo Abel, a mis abuelitas Crucita y Chelo, a mis hermanas Alejandra y Erika.

Para Sofía, con quien compartí mi pre-adolescencia y juventud. Con la promesa de volvernos a encontrar. Con el cariño mutuo desde la primera vez, mi amiga, prima, confidente.

A mi querida Dianuka, y el apoyo en cada libro que he escrito.

A mi pather José Manuel, las oportunidades y el apoyo.

A mi brother Jaime Galvan, por los rones, los habanos y el café. Por los dolores de rodilla, que nos cuentan que ya no tenemos veinte años.

A mí siempre guía en las letras, mi querida Ana Neumann, con mucho amor.

A mi carnal Miguel López, que desde hace muchos años me ha dado el apoyo para publicar, por medio de "Cielo Creativo".

A mi carnala tapatía Gaby Bidault, por las historias que vivimos y las que nos faltan. Por la charla, la pasta y el vino.

PRÓLOGO

Es maravilloso el cómo los sentimientos pueden ser plasmados en un pedazo de papel pero más asombroso es que esos sentimientos plasmados sean compartidos con tremenda emoción y nos hagan volar entre palabras y versos a un cielo inundado de pasión, amor, tristezas, poesía infinita que llena el corazón.

Tengo el enorme placer de ser amiga y confidente de este gran poeta Joel de Alba Márquez quien me ha enseñado con el paso de los años que los sueños si se pueden cumplir. El puso sus sentimientos y pensamientos en un puñado de hojas y lo compartió conmigo, entre café y cigarrillos, entre pláticas y canciones. Yo quedé asombrada del gran talento que tiene y vean ahora con su quinto libro "PROFUNDO EN TI" un maravilloso conjunto de realidad, testimonios que revelan su ser, miedos, nostalgia, amor, esperanza, luz.

Joel conquista tu corazón y te hace parte de tan preciosos poemas.

Diana Alejandra Pérez Luna (Dianuka)

San Luis Potosí a 15 de junio de 2020

Prólogo II

Estas palabras que hoy reúno aquí manifiestan la gran satisfacción y emoción que me inunda el tener el honor de escribir éstas líneas y así poder ser parte de ésta quinta compilación de bellos poemas, versos y fragmentos de un corazón forjado en la experiencia de la adversidad:

 Mi muy querido y apreciado caballero poeta JOEL DE ALBA MARQUEZ eterno enamorado del amor, las letras y el encantamiento de la oralidad.

De nuevo "juntos" pero a miles de millas en la distancia. Como cuando éramos adolescentes decides hablar de amor... corazones rotos, tropiezos, derrotas y treguas... para después (como era siempre tu costumbre) con la magia y dulzura de tu corazón transformando las palabras en hermosos, delicados y tiernos versos que como un remedio cálido para el corazón herido, es ungido triunfante con el espíritu más puro de los sentimientos.

En la poesía como en la creación, que desde el pensamiento engendra en la palabra luz de la belleza del sentimiento que desde lo profundo de su ser el poeta interpreta.. pues dime entonces ¿Que es, si no es el amor la verdadera existencia de la vida?

Ahora toma un respiro profundo con De Alba Márquez y prepárate para sumergirte PROFUNDO EN TI ... y llevarte a las profundidades de las emociones y pasiones que sólo pueden emerger de la inmensidad del océano del amor que en calma o tempestad siempre estará esperando por ti...

SOPHIKA

NASOKA

NSKRJ

Houston, Tx USA

16 de Junio de 2020

Profundo en ti

I.   De la mano

Con ella de la mano,

las manecillas del reloj

quedan inmóviles

mientras tu alma tiembla.

Puedes ver a la poesía

convertirse en vino

y recobrar la vista a los que

no creen en la magia

Llegas a pensar incluso

que su sonrisa

puede hacer milagros.

II. Musa pagana

Ella tiene los ojitos de un felino,

Ella tiene en su boca, la miel y la grana.

Ella es el mar, mi paz y mi tormenta.

Ella es el viento al este, mi brújula de bolsillo y el diapasón en mi pecho.

Ella es dije de mi garganta, mi voz y mis miedos.

Es mi despertar por la madrugada, mi cigarrillo, mi pluma, mi tintero, el papiro de tantos desvelos.

El barquito de vela que hice en un poema, la botella que arrojó al mar escribiendo te amo.

Ella es la canción que me calma, la lágrima que muere en una gota de lluvia.

Ella es la luna que nace entre la constelación de cáncer y piscis.

Ella es encarnación de afrodita, ella ama la luna y las estrellas. Ella es el amor que vive en mis sueños, mi siempre y sincera musa pagana.

III. Me daré tiempo

Hoy me daré el tiempo de besar con el alma, de respirar su presencia, de llorar lo que por hacerme el fuerte me trago y no dejo salir. De decir que lo acepto que no te he olvidado, al fin olvido que solo el tiempo será de ayuda.

Te diré las palabras de amor más imprecisas, las precisas se esfumaron el día que dijiste es todo. Así lo debería de entender, que no estás aquí y no volverás.

En verdad te digo, que al aparecer el alba, tu sonrisa, tus palabras, tu cabello, tus sandalias, el aroma a café. Simplemente será un recuerdo, un tanto nostálgico, una gota sabor a sal que corre por la mejilla.

Al despertar doblare las cobijas, guardare tus recuerdos en una cajita, cabaré en el jardín y enterrare tu presencia.

IV. Ella sabe a mar

Ella va conmigo sorprendida, porque no conoce el mar.
Su piel es blanca como la nieve de la chimenea.
En invierno se vuelve algo trasnochada, algo loca, un tanto enamorada, es mi bandera de una noche, tan altanera y la luna que me hizo volver a tus caderas.

La niña que no se deja amar, y de ella no dejo de aprender. Que abre sus piernas por la noche a los extraños. ella que porta una rosa en su pelo y odia los claveles. Ella que crece se vuelve mujer, la he visto llorar un atardecer.

Ella tiene la energía de un tigre en la selva, frenética y pasional. Recuerdo anoche, que la he visto madrugar, sin poder tomarla en mis brazos y de un beso poderla llevar a dormir.

V.   Te escribí un verso

Esta noche te escribí un verso,
tranquila, no digas nada
de lo que puedas arrepentirte,
no te preocupes mi niña,
así te llamo al dormir, y cada que abro los ojos.

Silencio, nadie se dará cuenta
de ese amor prohibido,
de esos besos profanos, de la noche.
que te vestiste de luna.

No confesé, por ejemplo
de aquel día que le faltaron horas,
ni tampoco de aquel día cuando
tu sabes, ni por asomo dije
que me conoces mas
que a la palma de tu mano.

Que respire profundamente, y omití decir
que tu espada es tan suave,
que con un movimiento deslice la cremallera
de tu vestido.

Que no tienes idea, como se eriza mi piel,
disfrutando jugar con tu ombligo,
esa boca que se vuelven la diana en la que siempre
aterrizan mis húmedos besos como dardos.

No pienses que en mis textos
escondí el lunar de tu brazo,
la cicatriz de tu rodilla,
o las muchas horas
en que me tienes pesándote.

Yo solo te escribí un poema,
pero no te preocupes
solo dije que, sin ti,
todo se convierte en nada.

VI. Sin sentido

Por estas calles ya
no te respiro, vida.

Ya no te siento correr
por mis venas, latido
a latido empiezas a
desfallecer.

Tus pasos son desiertos,
nubes sin agua, son oasis
secos ahogados en soledad.

Mueres por ser ausencia,
mueres por ser olvido,
mueres por ser herida,
vida mía.

VII. Letras sin rima

Algunas veces me sumerjo en tu silencio con la esperanza de oírte pronunciar mi nombre.

Otras simplemente me dejo llevar por el ruido de tus caricias en mi piel.

Siempre rebuscando entre tus letras esos acentos que hablen de mí, esos versos sin dedicar, que me permitan seguir volando.

Hoy no tengo rimas, tan solo unas letras que quisiera borrar y guardar en el recuerdo.

Hoy soy silencio, lágrima desbordando el sentimiento, soy calma, que atormenta mis latidos, soy reflejo, en tus ojos apagados, soy música, para que me bailes desde el alma.

Otro día empieza, otra historia que contar y nunca dejare de soñar, de soñarte, de vivir, de vivirte.

Algunas veces entre tus brazos.
Otras buscando mi nostalgia.
Siempre desde mi corazón.
Hoy dentro de mi alma.
Otro día más en ti.

VIII. Recordar

Hoy me cansé de intentar olvidarte sin éxito y te volví a recordar, todo de golpe.

Recordé esas mañanas que algunas veces juntábamos con las noches de tanto amarnos.

Recordé esos paseos en los que perdernos era lo menos importante siempre y cuando fuéramos de la mano.
Recordé esas canciones que nos hacían volar mientras nuestras almas sólo pensaban en bailar al son de la música.

Recordé esos olores que siempre me despertaban nuevas sensaciones y nuevas formas de imaginar la vida.

Recordé esas sonrisas que te iluminaban la cara y hacían que tus ojos brillaran de pura felicidad.

Recordé esos silencios en los que nos comíamos con las miradas y nos contábamos secretos del corazón.
Recordé que te quise, te quiero y te querré y que jamás te olvidaré.

IX. Caracteres

• De tanto extrañar nos fuimos haciendo tarde.

• Ayer me escribías cartas de amor, que se volvieron una fe de erratas. El destinatario cambio de dirección.

• Todas las historias tienen un final. También las de amor.

• Ella, ese imposible que me hace volar, esas ganas locas de gritar lo mucho que le quiero, ese ratito lleno de buenos momentos en infinitos lugares de nuestra imaginación.

• Bebieron el mate después de las seis, bailaron aquel tango amargo, ella tomó su abrigo y su boca solo pronunció un adiós desgarrado.

• Ella encerró una canción en cada gota de lluvia; él desató la tormenta.

• Y se me olvidó decirte que me gustas. Sentí como la garganta era muda y mis versos que hay de ellos, sí los olvidé en mi vieja cartera.

x. La niña lluvia

La niña lluvia
tiene un columpio
debajo del arco iris.

La niña lluvia
recoge las gota del suelo
como caramelos.

La niña lluvia
cuando se aburre
se va al desierto.

La niña lluvia
cuando alguien canta mal en la ducha
se enfada.

La niña lluvia
cree que su padre es el mar

La niña de lluvia
ata cada gota
a los juegos de sus manos.

La niña lluvia
hace globos de colores
con las nubes.

La niña lluvia
a veces confunde el arco iris

con las mariposas.

La niña lluvia
juega con la distancia
a hacer soles.

La niña lluvia
cuando sea mayor
quiere ser tormenta de menta.

La niña lluvia
pensaba que la luna
era la mamá de todas las gotas.

La niña lluvia pensaba
que el nenúfar
era un barco de papel.

La niña lluvia
cuando ve un globo de colores se enamora.

La niña lluvia
llora
cuando explotan las pompas de jabón.

La niña lluvia cuando no llueve
juega a cocinar sopa de lluvia
para Mafalda.

La niña lluvia sueña
con llover en Disney o en París.

La niña lluvia

cuando hace sol
ve Cantando bajo la lluvia.

La niña lluvia piensa
que las personas que sudan
son nubes.

La niña lluvia
piensa que las mandarinas
son las hijas de las naranjas.

La niña lluvia
cuando cayó sobre un sauce llorón
se puso triste.

La niña lluvia sueña con mojar al sol.

La niña lluvia piensa
que los golpes de otras gotas
son su eco.

La niña lluvia
cuando ve que hay nubes
se arregla.

La niña lluvia
del laberinto de una amapola
sale viva y roja.

La niña lluvia
los domingos si no llueve
juega al futbol.

La niña lluvia

sueña con ser de mayor
aguamarina.

 La niña lluvia sueña
que de mayor será
la luna llena.

La niña lluvia
cuando llora
piensa que es una nube.

La niña lluvia
tiene prisa porque llueva
para ver cuanto antes al arco iris.

La niña lluvia
sueña con ser un copo de nieve.

La niña lluvia sueña con ser mayor
y ponerse un color
e irse de fiesta.

La niña lluvia
cuando ve una lágrima
quiere ser sonrisa.
La niña lluvia no sabe qué tipo de lluvia es un río.
La niña lluvia
está enamorada del viento
porque la lleva de paseo.

La niña lluvia
cuando escucha
"y comieron perdices".

La niña lluvia
cuando tiene ganas de jugar
cae sobre el cuello de alguien.

A la niña lluvia
no la dejan aún salir de casa
cuando llueve.

Cuando la niña lluvia
Cuando ve bombillas de colores
siente envidia.

Oler tu cabello
niña de lluvia
en todos los versos.

La niña lluvia y su sonrisa
cuando cae sobre la rampa de un columpio.

La niña lluvia se enfada
con las señoras que sacan los ojos con los paraguas.

La niña lluvia
sueña con pasear con una pompa de jabón
por debajo del arco iris.

A la niña lluvia
le gusta Mafalda
y la sopa de lluvia.

XI. Borradores

- A veces como a eso de las una y veinte de la mañana, tomó una puntilla de un lapicillo a medio acabar, una media hoja de algún papel que en su intento fue barco, o tal vez avión, mariposa o que se yo, sólo comprendí que sobre aquel papel tracé algunos garabatos y les llame te extraño.

- Dos miradas que chocan, un café de media noche, una palabra al oído, un corazón que se asoma en la pared y una historia sin inicio con final de puntos suspendidos, perdidos en un viejo papel que fue avión, barco, tren y no han llegado a su destino.

- Por el año que se marcha y el nuevo que inicia, las botellas que se vacían, los amigos que se quedan aquí.
  Por los besos que dimos, por los amores de una noche, y las cartas que escribí.

  Los libros, las canciones. Las historias que contamos y lo que está por venir.

  Escribimos versos para la mina de la Plata, suspiro de mi alma. Lo que no te digo. Cholula de mi vida te quedas en mí.

- Creí que nunca volvería a pronunciar algunas

torpes palabras.
En algún momento de la vida pensé que el corazón no volvería a sentir, le había prohibido latir de amor, pensé no volver a ver unos ojos, con la mirada del alma.

Hoy aquí estoy entre lágrimas e incertidumbre, estoy aquí queriéndote, pensándote y extrañándote. Escribiendo mi historia de tu diadema, diciéndote lo que algunas madrugadas no te digo.

XII. Cuando digo te quiero

Cuando digo te quiero, escucha con atención mis palabras porque lo que realmente estoy diciendo es mucho más. Lo que realmente quiero decir cuando digo te quiero es que te acepto por quien eres, total y absolutamente. Que veo cada grieta y pliegue en tu cuerpo y mente y que veo belleza en tus defectos. Lo que digo es que nunca quiero que cambies. Eres importante y me interesas justo como eres.

Lo que realmente estoy diciendo cuando digo toma mi mano y avanza conmigo, es que me inspiras. Me llevas a ser mejor persona y humano, me retas a intentar cosas nuevas, a decir lo que pienso y a no tener miedo, porque si alguien tan increíble como tú puede amarme entonces yo también debo hacerlo.

Lo que realmente estoy diciendo, cuando digo te amo es que deseo que estés en mi vida, por siempre y para siempre. Que mis sentimientos por ti nunca van a cambiar y estoy seguro de eso. Más seguro de lo que me siento con respecto a cualquier otra cosa en mi vida, no puedo ser yo sin ti.

Lo que realmente estoy diciendo cuando digo eres mi todo, es que ya has cambiado mi vida. Cuando cierro los ojos puedo ver la huella que dejaste en mi alma. Ya está ahí y como una cicatriz estará ahí para siempre y no lo cambiaría por nada.

XIII. Tenemos

Tenemos cartas, poemas, sueños y respiraciones, una vieja melodía en el tocadiscos de las ilusiones.

Podría hablarte de cada lunes que te ausentas, del café que bebo de tus ojos, puedo decirte te amo o consumirme en un suspiro.

Hay muertes y vidas, niños que juegan a la pelota y estamos tu y yo, nosotros observando cómo se nos pasa un momento, y nos aniquila un silencio.

XIV. Tus ojos dicen lo que callas

Tus ojos dicen lo que callas
Me reflejo en tu ser, y sé que mejor no hay otra, que me
pone las palabras para amarte.

Tus ojos dicen lo que callas,
tu boca, se contrapone a lo que dices.

Será que estoy ilusionado,
mi corazón, late emocionado,
hace una mueca quisquillosa,
que quiere tenerte de frente.

Al mirar tus ojos transparentes,
puedo decirte,
que lo que siento es muy fuerte.

Quiero perderme en tu mirar,
nadar en ese inmenso mar
al que le llamo caricia.

Admiro la belleza de tu boca,
de tu ombligo, de la luz que se refleja
en tu andanza.

Me reflejo en tu ser,
y sé que mejor no hay otra,
que me pone las palabras para amarte.

XV. Contigo quiero, a pesar de la distancia,
estar y andar por las amadas calles de nuestra niñez.

Ya canas tenemos en nuestros cabellos.
Pero tú en mí corazón estás,
a pesar del tiempo transcurrido.

Yo aquí, en casa, mirando alguna carta que no te di,
me encuentro con una en la cual
desde hace años escribía mis sentimientos hacia ti.

Y en estos momentos de recuerdos, no sé por qué,
contigo quiero estar.

Contigo quiero seducir el triste perfil eterno de tu
semblante,
acercarme ante tu magnética presencia,
y ser uno con el macrocosmos,
contigo quiero embriagarme de la ambrosía de tu piel,
soñar con cada detalle minúsculo que hace que seas lo
que SIEMPRE HE AMADO.

Yo sólo quiero ser esa palabra dulce que toque tu oído y
haga saltar de dicha tu alma.

La risa obligada al leer en mi todo lo que está en cada
verso que escribo, el labio que choca sirena en mi boca
tu presa, la canción que suena en el mar y nos vuelva
marea.

Son las dos y el café al despertar nos espera, esa

historia que el océano hizo cierta, entre páginas, tinta,
este verso que es para tu piel y tu boca, mi boca.

XVI. Ella, esa encrucijada
de sueños, deseo
que me late dentro;
abismo profundo
a oscuras,
en nuestras noches
de tormenta.

Me hace sentir
en pleno vuelo tu cuerpo.

XVII. Batallas sin gloria

La guerra en tus manos, palabras que mueren,
luchas sin gloria.

En noches de insomnio, recuerdos, poemas, promesas
que mueren.

Victorias forzadas, un beso en la frente, el último brindis
de historias dolientes.

Pactamos tregua, dos horas y marchas,
suspiros, ausencias, heridas sin muerte.

Hoy, ya no hay poesía, ni libros de Becquér,
solo dos insensatos, que lucharon sin devoción.

Esta Primera Edición de "Profundo en ti"
fue terminada de revisar el 17 de junio de 2020
en los estudios de 'Cielo Creativo'
www.cielocreativo.com